BEI GRIN MACHT SICH IHR WISSEN BEZAHLT

- Wir veröffentlichen Ihre Hausarbeit,
  Bachelor- und Masterarbeit

- Ihr eigenes eBook und Buch -
  weltweit in allen wichtigen Shops

- Verdienen Sie an jedem Verkauf

Jetzt bei www.GRIN.com hochladen und kostenlos publizieren

GRIN ☺

Sina Dorothea Hankofer

Rezension zu "Alice im Hungerland - Leben mit Bulimie und Magersucht" von Marya Hornbacher

GRIN Verlag

Bibliografische Information der Deutschen Nationalbibliothek:

Die Deutsche Bibliothek verzeichnet diese Publikation in der Deutschen National-
bibliografie; detaillierte bibliografische Daten sind im Internet über http://dnb.d-
nb.de/ abrufbar.

Dieses Werk sowie alle darin enthaltenen einzelnen Beiträge und Abbildungen
sind urheberrechtlich geschützt. Jede Verwertung, die nicht ausdrücklich vom
Urheberrechtsschutz zugelassen ist, bedarf der vorherigen Zustimmung des Verla-
ges. Das gilt insbesondere für Vervielfältigungen, Bearbeitungen, Übersetzungen,
Mikroverfilmungen, Auswertungen durch Datenbanken und für die Einspeicherung
und Verarbeitung in elektronische Systeme. Alle Rechte, auch die des auszugsweisen
Nachdrucks, der fotomechanischen Wiedergabe (einschließlich Mikrokopie) sowie
der Auswertung durch Datenbanken oder ähnliche Einrichtungen, vorbehalten.

Impressum:

Copyright © 2004 GRIN Verlag GmbH
Druck und Bindung: Books on Demand GmbH, Norderstedt Germany
ISBN: 978-3-656-74086-5

Dieses Buch bei GRIN:

http://www.grin.com/de/e-book/278964/rezension-zu-alice-im-hungerland-leben-
mit-bulimie-und-magersucht-von

Rezension zu

Marya Hornbacher:

Alice im Hungerland -
Leben mit Bulimie und Magersucht

von: Sina Dorothea Hankofer

im Rahmen der 11. Klasse der gymnasialen Oberstufe
April 2004

Inhaltsverzeichnis

Abkürzungsverzeichnis

bspw.	beispielsweise
bzw.	beziehungsweise
d.h.	das heißt
etc.	et cetera
S.	Seite
Z.	Zeile
z.B.	zum Beispiel

1 Inhaltsangabe

In der Autobiographie „Alice im Hungerland" von Marya Hornbacher, deren 4. Auflage im Jahr 2003 im Ullstein Verlag erschien, beschreibt die Autorin ihr bisher geführtes Leben mit Bulimie und Magersucht.

In Walnut Creek, Kalifornien, geboren, streitet sich Marya Hornbacher-Beard im Alter von fünf Jahren zum ersten Mal bewusst mit einer Freundin über Lebensmittel. Beide beschließen mehr im Scherz als ernsthaft, eine Diät zu machen, was sie jedoch nach kurzer Zeit aufgeben. Maryas Eltern kümmern sich mehr um sich selbst, als um ihre einzige Tochter, demzumal streiten sie sich häufig, nicht nur, wenn es – ebenso wie bei Marya – um die Essgewohnheiten der beiden geht.

Im Alter von neun Jahren übergibt sich Marya zum ersten Mal (nach dem Essen von Chips) auf der Toilette, die vorherige Neugier wandelt sich in ein Suchtverhalten – Marya erkrankt an Bulimie (Ess-Brech-Sucht).

Zunächst gelingt es Marya, die Krankheit geheim zu halten, in einer späteren Phase bemüht sie sich jedoch nicht mehr so sehr um besagte Geheimhaltung sondern lässt es zeitweilig sogar darauf ankommen, beim sich Übergeben erwischt zu werden.

Nach einer ärztlichen Diagnose begibt sich Marya erstmals in eine Klinik zur Behandlung ihrer Bulimie, welche schließlich besiegt scheint – Marya wird entlassen.

Kurze Zeit später bricht die Bulimie jedoch wieder aus.

Im Alter von fünfzehn Jahren dann erfolgt der Übergang zur Anorexie (Magersucht). Auch diese ist nach kurzer Zeit nicht mehr zu verbergen, es folgen mehrere, nur kurzzeitig erfolgreiche Klinikaufenthalte, ebenso wie Marya immer wieder mit Rückschlägen sowie mit dem Verlust von Familie, Freunden, Job und nicht zuletzt auch des Wissens, was „normal" ist, konfrontiert wird.

Bis zu ihrem zwanzigsten Lebensjahr schwankt Marya zwischen bulimischem und anorektischem Verhalten, ihr Gewicht bewegt sich in diesem Zeitraum aufgrund der häufigen Klinikaufenthalte, welche ihr Körpergewicht kurzzeitig stabilisieren, ständig zwischen 68 und 26 Kilo. Im Alter von 23 Jahren blickt Marya auf insgesamt fünf Krankenhausaufenthalte zurück, überwindet schließlich mit einem sehr großen Kraftaufwand ihre Zwänge und entscheidet sich für die Nahrungsaufnahme, für das Leben.

Mit ihrer Essstörung lebt sie weiterhin, jedoch steht Marya ihr Mann Julian unterstützend zur Seite und hilft, einen geregelten Tagesablauf einzuhalten.

Heute lebt und arbeitet Marya Hornbacher als Schriftstellerin und freie Redakteurin in Minnesota.

2 Formale Auffälligkeiten

Die Autobiographie „Alice im Hungerland" von Marya Hornbacher spielt an vielen verschiedenen Orten, beginnend in Walnut Creek, Kalifornien, als Marya fünf Jahre alt ist. Die Geschichte wird von einem Ich-Erzähler beschrieben, da es sich bei diesem Buch um eine Autobiographie handelt, es ist somit eine auktoriale Erzählperspektive. Das Thema des Buches sind Essstörungen, vordergründig stehen Bulimie und Anorexie. Die Intention der Autorin ist, vor Essstörungen und ihren Folgen zu warnen, sowie zu informieren und Aufmerksamkeit zu schaffen, wenn es um Essstörungen geht. Die Autobiographie hat weder einen offenen Anfang noch ein offenes Ende, Sachverhalte und Erlebnisse werden detailliert und realistisch geschildert. Der gewählte Sprachstil ist teilweise poetisch, teilweise auch sehr geprägt durch Fachbegriffe zum Thema.

Auffällig sind die vielen im Buch enthaltenen Zitate, sie sind aus verschiedenen Büchern, Gedichten und Berichten entnommen, außerdem enthält der Text viele Gedanken der Autorin und nur wenig Dialoge. Es sind Auszüge der ärztlichen Untersuchungsprotokolle im Buch auffindbar, die dem Leser einen Einblick in die Situationsgefahr erleichtern. Ebenso gebraucht die Autorin häufig Metaphern, wenn von der Vergangenheit oder der Zukunft, um die sie zwischenzeitlich bangt, die Rede ist. Der größte Teil des Buches handelt von der Vergangenheit der Autorin, sie berichtet in Rückblenden, zum Ende hin berichtet sie jedoch auch von der Gegenwart (ihrer jetzigen Lebenssituation). Das Buch enthält weder Zeichnungen/Bilder noch Fotos, es hat vierhunderteinundneunzig (491) Seiten und besteht aus einer Einleitung und acht Kapiteln, sowie einem Nachwort, welches ergänzend zwei Kapitel, Danksagungen, eine Bibliographie und Anmerkungen enthält. Ebenfalls auffällig sind die Gedanken, welche oftmals klein gedruckt unter den normalen Textpassagen abgedruckt sind und die das Geschriebene bzw. Erzählte erläutern oder kommentieren.

3 Charakterisierung der Marya Hornbacher

Marya Hornbacher ist im Alter von fünf bis neun Jahren ein relativ ruhiges Kind, welches nicht viel Kontakt zu seinen Mitmenschen sucht, allerdings auch nicht zwanghaft davor flüchtet. Sie sitzt lieber auf der heimischen Couch, isst Chips und beschäftigt sich mit ihrem Hund. Hauptsächlich durch Neugier getrieben, übergibt sie sich mit neun Jahren zum ersten Mal über der Toilette.

Sie scheint ein leicht beeinflussbarer Mensch zu sein, zumindest im Kindesalter, in dem sie sich die Kritik und die Lästereien ihrer Schulkameradinnen über ihr Aussehen und Gewicht sehr zu Herzen nimmt, jedem Gespräch aufmerksam folgt und sich dementsprechend ruhig und anpassend verhält. Der Beginn der Bulimie ist ein Verhalten, welches zeigt, dass Marya versucht, sich anzupassen bzw. ihrem Umfeld zu gefallen. Sie nimmt ihre Mitschülerinnen als „dünne, schlaksige Wesen"" wahr und versucht, diesem Bild nachzueifern. Auch dass ihr Vater sich selbst „Mr. Schwein", die Mutter „Dr. Schwein" und Marya selbst „Schweinchen" nennt, trägt einiges zu ihrem Verhalten bei. Marya empfindet dies als Angriff, sie kann keinen Zusammenhang erkennen zwischen diesen Spitznamen und dem Aussehen ihrer Körper. Mit dem immer häufigeren Erbrechen verliert Marya an Gewicht, was für sie zunächst bedeutet, dass sie ihren Mitschülerinnen weniger Angriffsfläche bietet, zumindest so lange diese nichts von Maryas Erkrankung ahnen. Außerdem wehrt sie sich somit gegen den Titel des „Schweinchens" – wenn sie nicht aussähe, wie ein Schweinchen, so bestünde schließlich die Möglichkeit, dass ihr Vater aufhörte, sie so zu nennen. Marya macht teilweise einen naiven Eindruck, wenn es um den Krankheitsverlauf der Bulimie geht. Sie beginnt mit ständigen Diäten, treibt extrem viel Sport und wetteifert mit Freundinnen um den höchsten Gewichtsverlust, erkennt jedoch ihre Krankheit noch nicht so recht. Als sie schließlich doch erkennt, dass sie längst von der Essstörung bestimmt wird, ändert sich aufgrund dessen ihr Verhalten.

Marya fällt es schwer, Vertrauen zu anderen Menschen aufzubauen. Sobald sie ihr zu nahe kommen, ergreift sie die Flucht indem sie versucht, die anderen Menschen aus ihrem eigenen Leben auszuschließen. Ihre Wachsamkeit behält Marya bei, allerdings entwickelt sie eine recht ausgeprägte Angst vor dem Verlassenwerden, welche sie eben durch die Kontrolle der Nahrungsaufnahme zu verdrängen versucht.

Ebenso scheint Marya die Welt um sie herum teilweise als endpersonalisiert zu erleben, was bedeutet, sie ist kaum in der Lage, zwischen dem, was außerhalb und innerhalb ihres Körpers geschieht, zu unterscheiden. Indem Marya ihre Nahrungsaufnahme kontrolliert, versucht sie, eine Identität zu schaffen und diese auch zu spüren, was ihr dadurch jedoch nicht gelingt.

Eine so genannte „gesunde Abhängigkeit" (eine Situation, in der Bedürfnisse geäußert, akzeptiert und erfüllt werden, wenn sie angemessen sind) innerhalb der Familie Maryas besteht nicht, was dazu führt, dass Marya ein völlig verfremdetes Verhalten entwickelt, Beziehungen zu beurteilen. So denkt sie zum Beispiel, eine „Abhängigkeit käme der Sklaverei gleich" und „Intimität bedeute die Aufgabe der eigenen Integrität".

Die Bulimie verstärkt Maryas von Anfang an bestehende emotionale Labilität, die später ausbrechende Magersucht ebenso.

Dass Marya während ihrer Bulimie unter anderem eine Migräne entwickelt, bedeutet, dass sie zwar tatsächlich diese Migräne verspürt, tatsächlich jedoch taucht der eigentliche Schmerz nur am falschen Ort auf – sie muss ihre Gefühle ordnen, verdrängen, was für ihren Körper nicht gut ist und da Essstörungen nicht einfach zu behandeln sind, scheint sich Marya einen einfacheren Weg suchen zu wollen – eine behandelbare Krankheit, nicht eine psychische, die potentiell – wie sie glaubt – nicht behandelbar sei.

Maryas Persönlichkeit ist sehr von Wunschvorstellungen geprägt, sie träumt viel vor sich hin und zeigt Interesse am Lernen, ebenso deuten die vielen Zitate aus verschiedenen Büchern auf ihren guten Bildungsstand und ihr Interesse für das Lesen im Allgemeinen und das Lesen von Büchern hin.

Maryas Essstörung schein eine Art „Körpersprache" zum Ausdruck bringen zu wollen, allerdings kann Marya auf die Frage ihrer Therapeutin „Wie fühlst du dich?" nicht antworten, da sie fragen dieser Art nur zu verwirren scheinen. Außerdem leidet Marya an Konzentrationsstörungen und Kommunikationsschwierigkeiten, was besonders in den Gesprächen mit den einzelnen Ärzten und Therapeuten deutlich wird, auch leidet sie häufig unter Depressionen, Stimmungsschwankungen und Angstzuständen, welche größtenteils wohl durch ihre Krankheit ausgelöst werden bzw. wurden.

Marya besitzt die Fähigkeit, sehr klar und realistisch zu denken und dementsprechend über ihre eigene Person zu urteilen, was sie auch tut, jedoch scheint sie diese Tatsache so zu empfinden, als spräche sie über einen ihr gegenüberstehenden Menschen, einen fremden, nicht ihren eigenen Körper.

Sie weiß genau, was mit ihr und ihrem Körper vor sich geht, allerdings scheint sie damit zunächst nicht umgehen zu können – bis zu dem Zeitpunkt, wo sie für sich selbst entschließt, dass sie leben möchte und sie dazu essen muss.

Sie besitzt eine enorme Willensstärke, die sie während ihrer Bulimie und Magersucht jedoch falsch einsetzt, was sie aber nach langer Zeit selbst zu ändern versucht. Dies zeugt außerdem von Mut, denn diesen muss sie aufbringen, um letztlich heute Tag für Tag gegen ihre Essstörung anzukämpfen und ein einigermaßen geordnetes Leben führen zu können.

4 Wesentliche Textstellen

a) Seite 14 Z. 18 – 25

„...ja, es geht um Kontrolle, aber genauso um die Biographie des Einzelnen, um Philosophie, um die Gesellschaft, um das Gefühl der Entfremdung von sich selbst und der Umwelt, um Familienprobleme, um autoerotische Erlebnisse, um Mythen, Spiegel, Liebe, Tod, Sadismus, Masochismus, um illustrierte und Religion, darum, wie das blinde Individuum durch eine Welt stolpert, die ihm immer fremder wird."
Ich empfinde diese Aussage als sehr realistisch. Marya zeigt durch diese Aussage, dass sie sich ihrer Lage, deren Auslöser und deren Lösung bewusst ist.

b) Seite 27 Z. 25 – 27

„Manche Menschen, die von Lebensmitteln besessen sind, werden Gourmetköche. Andere entwickeln Essstörungen."
Mir gefällt der Sarkasmus, der in diesen zwei Sätzen steckt. Diese Art Galgenhumor finde ich zwar erschreckend, aber es steckt ein gewisser Reiz darin, weiter über diese Aussage nachzudenken.

c) Seite 45 Z. 5 – 8

„Die Eltern anorektischer Personen sind häufig sehr stark auf sich selbst fixiert, scheinen nach außen hin allerdings sehr besorgt um andere Familienmitglieder zu sein."
Genau das ist auch bei Maryas Eltern der Fall, ihr selbst fällt dies merkwürdiger Weise kaum auf, obwohl sie ansonsten alles sehr treffend analysiert.

d) Seite 58 Z. 13 – 14

„Der Körper ist nicht mehr als ein Kostüm und kann durch reine Willenskraft verändert werden."
Diese Textstelle halte ich für sehr wichtig, da es letztlich das ist, was Marya erkennen muss. Sie soll kein Kostüm mehr tragen, es ist ihr erlaubt, sie selbst zu sein – dies bedeutet, sie muss ihre Krankheit bezwingen, was ihr nur mit Hilfe ihrer Willenskraft zu gelingen vermag.

e) Seite 76 Z. 9 – 12

„Bulimie ist immer beides: verführerisch und beängstigend. Sie teilt den Geist in zwei Teile: man kann etwas aufnehmen, man kann es verweigern; man braucht, man braucht nicht."
Dieser Gedankengang ist für mich einfach nachvollziehbar und daher gewiss auch erschreckend, denn es ist logisch und praktisch real.

f) Seite 78 Z. 10 – 12

„Wenn die Krankheit einen nicht sofort umbringt, dann muss man für den Rest seines Lebens damit leben und stirbt letztlich an den Folgen."

Bedeutet also, ich kann – theoretisch betrachtet – mit der Krankheit leben, aber es ist nur eine Frage der Zeit, bis ich an ihr umkomme. Sei es Bulimia nervosa oder Anorexia nervosa. Dies empfinde ich als wichtig, weil hier ganz offensichtlich und gut erkennbar eine Warnung ausgesprochen wird, die nicht missachtet werden sollte.

g) Seite 114 Z. 33

„Hass ist der Liebe viel verwandter als Gleichgültigkeit."

Zunächst einmal hat ein guter Freund genau das schon einmal zu mir gesagt, bevor ich dieses Buch gelesen habe, außerdem ist es tatsächlich so, wie ausgesagt: Hass ist immerhin noch ein Gefühl, aber wenn ich einer mir nahe stehenden Person egal wäre, dann wäre dies doch etwas sehr Schlimmes, denn es sind keinerlei Gefühle mehr vorhanden. Diese Aussage ist von solch immenser Bedeutsamkeit, dass man einfach nicht umhin kommt, sie schlichtweg zu überlesen.

h) Seite 116 Z. 29 – 31

„Man wird von dem unkontrollierbaren Reflex, sich zu übergeben, überwältigt und erlangt dadurch die Kontrolle wieder."

Es ist erstaunlich, mit welcher Klarheit Marya Hornbacher die Situation beschreibt, obwohl ich denke, dass es hierbei so ist, dass man anfangs tatsächlich noch die Kontrolle hat, was sich aber während der Entwicklung der Essstörung ändert.

i) Seite 116 Z. 34 – Seite 117 Z. 1

„Man hat den genialen Einfall, etwas zu trinken."

Es fasziniert mich, wie sie ihre Formulierungen wählt, um etwas eigentlich Normales als genial (geradezu weltbewegend) darzustellen.

j) Seite 119 Z. 32 – 34

„An Anorexie erkranken Kinder, deren Bemühen um Unabhängigkeit gescheitert ist."

Diese Aussage klingt meiner Meinung nach zu pauschal. Es scheint, als wäre es bei all denen der Fall, die für sich die Unabhängigkeit nicht so verwirklichen konnten, wie sie es gern gewollt hätten – es ist jedoch jedem selbst überlassen, was für ihn Unabhängigkeit darstellt (z.B.: ein Auto, eine eigene Wohnung,..)

k) Seite 122 Z. 30 – 31

„So viele Mittel zur Selbstzerstörung. So wenig Zeit."

Diese Aussage klingt irgendwie merkwürdig. Es klingt paradox, denn selbst wenn genug Zeit vorhanden wäre, so könnte man sich doch nur ein einziges Mal selbst zerstören bzw. umbringen. Außerdem fesselt es auf eine beunruhigende Art und

Weise. Wenn ich diese Zeilen lese, spüre ich die Kraft, die mich leben lässt – genauso, wie sie mich umbringen könnte. Deshalb empfinde ich diesen Ausschnitt als wichtig.

l) Seite 126 Z. 14 – 19

„Ich wollte ihre Hände, die klammernden Hände von Jungen, die das Gewicht ihrer Körper ebenso wenig kennen, wie das Gewicht ihrer Worte, so dass sie beides sorglos auf einen herabfallen lassen und einen verletzen, obwohl sie einen nur berühren wollen."

Dies ist eine sehr bedenkliche Aussage, deren Tiefsinn man förmlich nachzufühlen versucht, so schmerzhaft es auch sein mag. Ich überlege, wie weit man denken muss, wie tief man selbst in sich hineinfühlen muss, um so weit zu gelangen, dass man eine solche Denkweise erreicht. Es klingt, als wüssten die Jungen nicht, was sie den Mädchen antun, dabei tun sie ihnen nicht einmal etwas an, allerdings wird es so dargestellt bzw. kann der Leser dies so interpretieren.

m) Seite 139 Z. 9 – 14

„Dann ist man verpflichtet, diesen Fehler zu korrigieren – aus Prinzip -, um die eigene Seele zu retten, und für die eigenen Anstrengungen bekommt man eine neue Adresse [...] damit hat man ihren Verdacht bestätigt:"

(Situation: Marya wird beim Arzt gewogen, die Waage ist vom Arzt verstellt und zeigt – um eine Essstörung feststellen zu können – 3 kg zu viel an.)

Über diese Stelle musste ich lange Zeit nachdenken, bis ich zu dem Schluss kam, dass ich nicht weiß, wie ich in ihrer Situation gehandelt hätte, obwohl ich als gesunde Person rein theoretisch betrachtet genau das Gegenteil von ihrer Reaktion (= Egalität, Unwichtigkeit) zeigen müsste. Diesen Textauszug halte ich für nennenswert, da ich mir, wie schon gesagt, auch Gedanken zu meiner möglichen Handlung machen musste.

n) Seite 140 Z. 21 – 22

„Eine dünne Frau kann ALLES HABEN"

Die enorme Überzeugung, die man selbst haben muss, um so zu denken, erschreckt mich und ich überlege, was einen zu solch einer Überzeugung bringen kann.

o) Seite 140 Z. 25 – 28

„...besorgt, und zwar auf eine Weise, wie Menschen es sind, die keinen blassen Schimmer haben, wie sie sich verhalten sollen oder worin das Problem besteht."

Marya beschreibt das Verhalten ihrer Schulpsychologin. Da ich denke, dass sie damit Recht hat und dieses Verhalten bestimmt auch kein Seltenes ist, zähle ich diese Textstelle auf.

p) Seite 141 Z. 32 – Seite 142 Z. 1

„Mein Hass auf die Bulimie wuchs ebenfalls ständig. Dieser Hass verwandelte sich im Laufe der Zeit in absolute Hingabe an das Ziel, magersüchtig zu werden."

Was muss geschehen, dass alle Sicherungen durchbrennen, dass man nicht mehr klar denken kann? Ich kann diese Frage nur wiederholen, denn ich kann sie nicht beantworten. Dennoch, oder vielleicht genau aus diesem Grund, lässt sie mich nicht los.

q) Seite 146 Z. 4 und 6

„Schlankheit als Voraussetzung für Erfolg jeglicher Art."

Frage: Was will man denn mit Schlankheit erreichen? Ist das nicht zu oberflächlich? Diese Fragen würde ich gerne etwas ausführlicher bei der Präsentation vor/mit der Klasse diskutieren, daher habe ich diese Aussage aufgeschrieben.

r) Seite 160 Z. 21 – 24

„Irgendwann hatte sich die Intensität meiner Lebenslust in meine größte Angst verwandelt."

Wann war der Zeitpunkt, an dem ihr das bewusst wurde? Wenn man sich selbst in einer solchen oder ähnlichen Situation befindet, wann kann man so etwas erkennen, woran und wie? Mir stellen sich auch hier einige Fragen und ich denke, eine solche Aussage kann und sollte zum Nachdenken anregen.

s) Seite 174 Z. 1 – 4

„Es brauchte seine Zeit, bis ich mich in den Wahn hineingesteigert hatte, der eine wichtige Voraussetzung für diese Krankheit ist."

Wie bringt man es soweit, sich selbst solche Ziele zu setzen und sie erreichen zu wollen? Wie kann man dies verhindern? Wiederum ein erschreckendes Resultat: Lauter Fragen, keine Antworten.

t) Seite 201 Z. 29 – 30

„...schwanken zwischen Selbstverehrung und Selbstdegradierung"

Eine bewundernswerte Ausdrucksweise, mit der Marya ihren Zustand beschreibt.

u) Seite 212 Z. 4 – 6

„manche von uns benutzen den Körper, um Dinge zum Ausdruck zu bringen, die sie nicht in Worte fassen können."

Dies lässt sich ebenso auf extremes Tätowieren oder extremes Piercen anwenden, allerdings scheint auch diese Aussage wieder von erschütternder, trauriger Wahrheit.

v) Seite 251 Z. 32 – 34

„Glauben Sie niemals einer essgestörten Person, die behauptet, Nahrung zu hassen. Das ist eine Lüge."

Da dies ein Appell ist, musste ich ihn selbstverständlich in dieser Liste aufführen.

w) Seite 273 Z. 18 – 20

„Man kann ihnen nicht ins Gesicht blicken, wenn sie von Zeit zu Zeit fragen: „Geht es dir gut?" „Natürlich" sagt man und lächelt."

Ich finde diese Stelle sehr bewegend, hier treffen sich mangelndes Vertrauen und Angst.

x) Seite 408 Z. 18 – 19

„Schließlich konnte man nie zu reich oder zu dünn sein."

Es gibt Sprüche, „Trigger Lines" genannt, die Magersüchtige zum Ansporn nehmen, ebenso gibt es eine Art Glaubensbekenntnis und die zehn Gebote, auf Magersüchtige umgeschrieben. Dies ist eine Anspielung darauf, daher zitiere ich diesen Satz. (Das so genannte Glaubensbekenntnis, die zehn Gebote sowie einige Trigger-Lines bilden zur Verdeutlichung den Anhang meiner Rezension.)

y) Seite 464 Z. 29 – 30

„Tatsächlich liegt eine ungeheure Freiheit darin, wenn man nichts zu verlieren hat."

Diese Feststellung wirkt befreiend, jedoch auch sehr endgültig. Stellt sich die Frage: Was fängt man mit dieser Freiheit an?

z) Seite 467 Z. 30 – 34

„Essstörungen sind immer eine Krücke. Außerdem sind sie eine Sucht und eine Krankheit, aber fraglos sind sie eine ganz einfache Methode, um den banalen, täglichen, juckenden Schmerz des Lebens zu umgehen."

Eine beunruhigend einfach wirkende Lösung. Essstörungen als Ausweg. Gerade weil es so beunruhigen einfach wirkt und ist, ist dies eine von mir gewählte Textpassage.

5 Leserempfehlung

Die Autobiographie „Alice im Hungerland – Leben mit Bulimie und Magersucht" von Marya Hornbacher halte ich für sehr empfehlenswert, da dieses Buch nicht nur für betroffene Personen sehr interessant sein dürfte, sondern ebenso für einfach nur besorgte bzw. interessierte Menschen.

Als Marya neun Jahre alte ist, übergibt sie sich zum ersten Mal nach dem Essen über der Toilette, was nach einiger Zeit immer häufiger geschieht, da Marya für sich selbst die Entscheidung getroffen hat, sie sei zu dick. Trotz des darauf folgenden, regelmäßigen Übergebens bleibt Maryas Bulimie zunächst unentdeckt, was zum Großteil auf den Zeitmangel und das Desinteresse ihrer Eltern zurückzuführen ist.

Marya Hornbacher zeigt ebenso die vorliegende Ignoranz auf, die nicht nur an ihren Eltern, sondern in ihrem gesamten Umfeld deutlich wird, denn es gelingt ihr mehrfach, nicht nur Eltern und Umfeld zu täuschen und ihre Bulimie zu verheimlichen, sondern auch die verschiedensten Ärztinnen und Ärzte gehen teilweise nicht einmal auf Maryas sehr offensichtliche Essstörung ein.

Erschütternd ist, dass ihre Bulimia Nervosa (Bulimie), eine sehr gefährliche Essstörung, von den behandelnden Ärztinnen und Ärzten nicht ernst genommen wird, da es sich hierbei laut diesen nur um eine Essstörung, nicht jedoch, wie bei Anorexia Nervosa (Anorexie/Magersucht) um eine Krankheit handle – ein fataler Fehler: Beides, Bulimie als auch Anorexie, sind lebensgefährliche Essstörungen und gelten somit als Krankheiten, die unbedingt professioneller Hilfe bedürfen.

Diese Autobiographie ist ehrlich und bewegend geschrieben und zeigt, wie einfach es ist, an Bulimie zu erkranken und diese zu verheimlichen, hierzu ist allerdings wichtig zu sagen, dass die Autorin niemals versucht, diesen Weg in die Hölle zu vereinfachen, sie will warnen und dies schafft sie durch Selbstbewertungen ihres eigenen Verhaltens, durch von ihr angefertigte Analysen ihrer Therapeuten und Ärzte, sowie durch die (fast) komplette Offenlegung ihres Privat- sowie Familienlebens. Mary Hornbacher zeigt die Ursachen für das Entstehen ihrer Krankheit auf, die mit jedem weiteren Lebensjahr schlimmer wird.

Als junge Frau beginnt Marya zu hungern, sie beschließt, sich nicht mehr zu übergeben und erkrankt nach Jahren der Quälerei mit Bulimie nun an Anorexie/Magersucht. Oftmals isst sie wochenlang gar nichts, manchmal wird sie von ihrer Mutter oder einer paradoxer Weise ebenfalls an einer Essstörung leidenden Freundin zur Nahrungsaufnahme gezwungen, dann benötigt sie einen ganzen Tag lang Zeit, um einen halben Joghurt oder besser gesagt so wenig wie möglich eines fettfreien Joghurts oder eines fettfreien Blaubeermuffins zu essen.

Es gelingt Marya jedoch immer wieder, ebenso wie ihre vorher bestehende Bulimie, auch ihre Magersucht zu überspielen und lange Zeit geheim zu halten. Sie kennt unzählige Praktiken, ihre Krankheit und deren lebensbedrohliche Folgen zu vertuschen. So trinkt sie, nachdem sie nun endlich doch in eine Klinik eingewiesen wird, vor der ärztlichen Gewichtskontrolle im Krankenhaus literweise Wasser, um die Waage ein höheres Gewicht anzeigen zu lassen, nimmt jedoch im Krankenhaus an den verpflichtenden, regelmäßig stattfindenden Mahlzeiten nur selten teil und nimmt Abführmittel ein, wenn sie sich allein auf ihrem Zimmer befindet.

Erschwerend kommt hinzu, dass sie sich als Betroffene natürlich bestens auskennt und somit auch andere Erkrankte zu erkennen vermag – verständlich, dass es nicht ermutigend ist, wenn man weiß, dass die einen pflegende Krankenschwester oder Betreuerin zwar gute Ratschläge erteilen kann, jedoch unglaubwürdig erscheint, weil sie selber an einer Essstörung leidet.

Dieses Buch zeigt viele verschiedene Wege, in solche einen Teufelskreis zu geraten – ebenso, wie es einige Möglichkeiten aufzeigt, doch wieder irgendwie den Sprung in ein normales, nicht krankheitsgeprägtes Leben zu schaffen. Besagter Weg ist jedoch hart und vor allem nur durch Eigeninitiative und Willenskraft umzusetzen, was Marya selbst glücklicher Weise gelingt – allerdings erst nach etlichen Jahren.

Maryas Leben ist durch Selbstkontrolle und bewusste Selbstzerstörung geprägt, das Suchtverhalten wird stetig auffälliger, jedoch scheint Marya dies zunächst egal zu sein, die ständige Kontrolle ist der Inhalt ihres Lebens und bestünde dieser plötzlich nicht mehr, brächte er Maryas aufgebautes Weltbild ins Wanken. Die Kontrolle, die bestehende innere Ordnung, das im Kopf bezwungene Chaos, geben Marya Halt.

Es ist nicht der Wunsch, krank zu sein oder sich zu Tode zu hungern – es ist für sie nur etwas, das ihr niemand nehmen kann. Ein Spielzeug, Besitztümer... solche Dinge kann man jemandem entreißen, nicht aber etwas, das tief im Inneren Besitz von einem ergriffen hat, wogegen man sich anfangs vielleicht wehrte, sich dann aber (zwanghaft) mehr und mehr damit anfreundete und letztlich die Kontrolle (über den eigenen Körper, über die eigenen Gedanken) verloren hat – obwohl man doch fest überzeugt ist, man selbst habe die Kontrolle. Das eigene Denken wird nunmehr nur noch durch die Magersucht bestimmt, die Gedanken kreisen ständig um das Essen – was Marya erst nach und nach immer bewusster wird und sie nach vielen Jahren schließlich doch einen Ausweg sucht.

Auch hinterfragt Marya Hornbacher die einzelnen Rollen ihrer sie umgebenden Mitmenschen. So sind gemeinsames Hungern und extremes Joggen die Basis mancher Bekanntschaften, ihre Mutter hat ebenso Probleme mit geregeltem Essen, ihr Vater hingegen kann gar nicht genug in sich hineinschlingen. Ihre Großeltern sind dem Alkohol nicht sonderlich abgeneigt und der Neid mancher Mädchen auf Maryas gute Figur beeinflussen diese natürlich immens in ihrem Verhalten sowie in ihrer Entwicklung. Es ist erstaunlich zu erkennen, wer und was in welchem Ausmaß Einfluss üben kann, am erstaunlichsten jedoch scheint die Tatsache, dass man selbst so sehr von der Magersucht bestimmt werden kann, dass man nicht mehr klar zu denken vermag – was die größte Gefahr in sich birgt.

Marya Hornbacher verdeutlicht mit ihrer Lebensgeschichte, dass es wichtig ist, auf seine innere Stimme zu hören, zu fühlen, welche Bedürfnisse der eigene Körper hat und diese auch nicht zu ignorieren, sondern möglichst zu stillen. Dass Marya Hornbacher schlussendlich dem Tode nur knapp entkommt, ist nicht ein einfaches Happy End, es zeigt, wie schwer es ist, die Willenskraft aufzubringen, einen Anfang zu wagen. Außerdem wird dargestellt, dass Marya ihr Leben lang gegen diese Sucht, gegen ihre Essstörung, ankämpfen müssen wird, denn mit einer einfachen Nahrungsumstellung ist nicht gleich alles vergessen. Marya wird regelmäßig ärztlich gewogen und kontrolliert, die Menschen und neuen Freunde um sie herum helfen ihr zwar, die Willenskraft, sich nicht von der Magersucht beherrschen zu lassen, muss sie jedoch täglich aufs Neue selbst aufbringen. Nicht gerade einfach, aber ermutigend zu wissen, dass sie den größten Sprung, den ersten, wichtigsten Schritt geschafft hat.

Ihre ganze Geschichte, all das Erlebte, ist verständlich und nachvollziehbar. Durch nicht vorhandene Tabu-Themen verliert der Leser nie das Interesse, sondern es werden Fragen aufgeworfen sowie Aufmerksamkeit zu eben diesem Thema – Essstörungen – geweckt. Empfehlenswert ist diese Autobiographie daher in erster Linie für Betroffene, in jedem Falle für Bibliotheken, besonders auch für Schulbibliotheken. In Bezug darauf ist das Buch für Interessierte ab 16 Jahren zu empfehlen, speziell geeignet scheint es auch für Beratungslehrer/-innen sowie Eltern, die Vermutungen über Essstörungen ihrer Kinder haben. Es kann helfen, mögliche Ursachen zu erkennen und Lösungswege zu finden, da es sehr viele detailliert ausgeführte Informationen enthält, mit Essstörungen richtig umzugehen und sie nicht als Lappalien abzustempeln und somit ihre Gefahren zu unterschätzen. Diese Autobiographie gibt hilfreiche Denkanstöße und überzeugt durch den faszinierenden Weg der Marya Hornbacher, der realistisch beschrieben, erzählt und berichtet wird, ohne ein Blatt vor den Mund zu nehmen.

Anzumerken sind natürlich auch Kritikpunkte, da das Buch aufgrund seiner Handlung nicht ausschließlich ohne Bedenken empfohlen werden kann. Für Personen, die sich gerade mitten in einem Stadium der Bulimie oder Anorexie (Magersucht) befinden, kann es nicht unbedenklich sein, diese Geschichte zu lesen, da es denjenigen, die solche suchen, Anregungen bieten kann, die im Buch erwähnten Praktiken zur Verharmlosung sowie Verheimlichung der Krankheit auszuprobieren bzw. anzuwenden. Wie bereits erwähnt, ruft die Autorin in keinem Fall dazu auf. Als betroffene Person jedoch kann man natürlich all das, was hier beschrieben wird, auch sich selbst zu Nutze machen, indem man einfach das Gegenteil von dem tut, was man machen sollte. Aus eben diesem Grund ist Vorsicht geboten und die Gefährlichkeit dieser Thematik nicht zu unterschätzen.

6 Anhang

6.1 Glaubensbekenntnis

Ich glaube an die Kontrolle, die einzig wahre Kraft, mächtig genug, um Ordnung in mein vom Chaos bestimmtes Leben zu bringen.

Ich glaube, dass ich die wertloseste, gemeinste und nutzloseste Person bin, die jemals auf diesem Planeten existiert hat und dass ich es nicht wert bin, von jemandem Beachtung und Aufmerksamkeit zu bekommen.

Ich glaube, dass andere Menschen, die das Gegenteil behaupten, Idioten sind. Wenn diese Menschen sehen würden, wie ich wirklich bin, wäre deren Hass genauso groß wie der meine.

Ich glaube an "SOLLEN" und "MÜSSEN" als undurchdringliche Gesetze, um mein Verhalten Tag um Tag durchzuhalten.

Ich glaube an Perfektion und tue alles, um sie zu erreichen.

Ich glaube, dass ich mein Seelenheil nur dadurch erlange, indem ich jeden Tag noch härter nach dieser Perfektion strebe.

Ich glaube an Kalorientabellen und präge mir alle Werte genauestens ein.

Ich glaube an meine Waage, als Messinstrument meines täglichen Erfolges und Misserfolges.

Ich glaube an die Hölle, denn ich lebe in ihr.

Ich glaube an eine Welt, die nur aus schwarz und weiß bestehet, an den Verlust von Gewicht, das Vergeben von Sünden, die Ablehnung des Fleisches und an ein Leben voller Hunger.

6.2 Trigger-Lines

Ana macht uns schön.

Iss, um zu leben, aber lebe nicht, um zu essen.

Fange mit dem Notwendigen an, versuche dann das Mögliche und tue das Unmögliche.

Falle zehn Mal hin und stehe ein elftes Mal wieder auf.

Lebe deinen Traum, denn wenn du davon träumen kannst, kannst du es auch schaffen.

Es ist egal, wie lange du brauchst, solange du nicht stehen bleibst.

Hunger schmerzt, aber hungern hilft.

Nichts schmeckt besser, als dünn zu sein.

Gib deinen größten Wunsch nicht für das auf, was du nur gerade jetzt willst.

Nur wenn du daran glaubst, wirst du es auch schaffen.

Du kannst nicht wissen, wozu du fähig bist, wenn du es nicht versuchst.

Lass deine Erinnerungen nie größer sein, als deine Träume.

Du bist noch nicht am Ziel, aber näher dran als gestern.

Wenn der Schmerz vorbei ist, wirst du glücklicher und zufriedener sein als je zuvor.

Gib deinen größten Wunsch nicht für das auf, was du nur gerade jetzt willst.

Anorexia is a lifestyle, not a disease.

Nothing tastes as good as thin feels.

One moment on the lips - forever on the hips.

The thinner the winner.

You can never be too rich or too thin.

Hunger hurts but starving works.

This is not a diet. This is a lifestyle.

Food hinders your progress.

There is no try. There is only do.

Lieber 100 Mal hinfallen, als einmal liegen bleiben.

Auch der längste Weg beginnt mit einem ersten Schritt.

Hunger ist der Handlanger des Genies.

Deinen Traum kannst du nur leben, wenn du aufwachst und anfängst.

Liebe nicht das, was du bist, sondern das, was du sein wirst.

Das Essen ist die Sucht, die wir aufgeben müssen.

Quod me nutrit me destruit. (= Was mich nährt zerstört mich.)

Der Kopf formt den Körper.

Es beginnt immer heute!

Niemand kann tun, was wir tun.

Die meisten Menschen können nicht Ana sein.

Heute auf den Lippen, morgen auf den Rippen.

6.3 Zehn Gebote

- Du bist nur attraktiv, wenn du dünn bist.

- Dünn sein ist wichtiger, als gesund sein.

- Um dünner auszusehen, musst du entsprechende Kleidung kaufen, deine Haare schneiden, Abführmittel nehmen, dich verhungern - alles tun, um dünner auszusehen.

- Du sollst nie essen ohne Schuldgefühl.

- Du sollst dich selbst bestrafen für jedes Mal, wenn du Nahrungsmittel zu dir genommen hast, die dick machen.

- Du musst Kalorien zählen und deine Nahrungszufuhr konsequent daran ausrichten.

- Die Waage ist der wichtigste Maßstab deines Lebens.

- Abnehmen ist gut - Zunehmen ist schlecht.

- Du kannst niemals zu dünn sein.

- Dünn sein und nicht essen sind Anzeichen von großer Willenskraft und persönlichem Erfolg.

Literaturverzeichnis

Hornbacher, Marya: Alice im Hungerland, Ullstein Verlag, 2001

Anhang:
Glaubensbekenntnis: http://de.geocities.com/spiegelkinder/glaubensbekenntnis.htm mit Abruf vom 24.03.2004

Trigger-Lines: http://de.geocities.com/spiegelkinder/trigger_lines.htm mit Abruf vom 24.03.2004

Zehn Gebote: http://de.geocities.com/spiegelkinder/zehn_gebote.htm mit Abruf vom 24.03.2004